Felix Mendelssohn-Bar
(1809–1847)

Lieder ohne Worte
Songs without Words
Romances sans paroles

II

für Klavier · for piano · pour piano

Urtext

Herausgegeben von · Edited by · Edité par
István Máriássy
K 176
Könemann Music Budapest

INDEX

I

6 Lieder ohne Worte, Op. 19B

Andante con moto

1.  10

Andante espressivo

2.  15

Molto allegro e vivace

3.  18

Moderato

4.  22

Piano agitato

5.  24

Venetianisches Gondellied

Andante sostenuto

6. 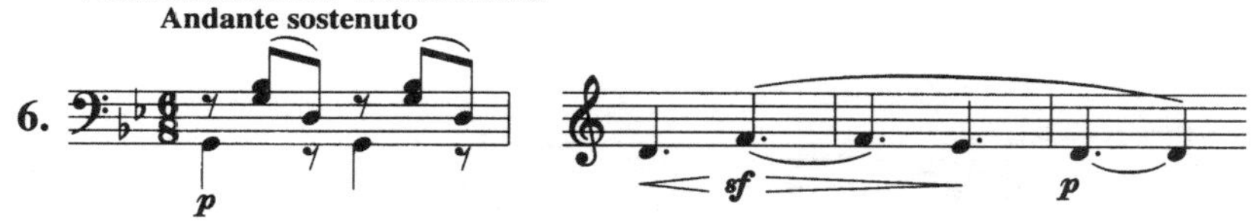 30

6 Lieder ohne Worte, Op. 30

Andante espressivo

1.  32

Allegro di molto

2.  34

Adagio non troppo

3.  37

Agitato e con fuoco

4.  38

5. 

43

Venetianisches Gondellied

6. 

46

Appendix 1

Op. 30, No. 4, Version of E

48

6 Lieder ohne Worte, Op. 38

1. 

56

2. 

60

3. 

63

4. 

70

5. 

72

Duett ohne Worte

6. 

77

Appendix 2

Lied ohne Worte, Op. 38, No. 2, Variant of AU2

82

Lied ohne Worte, Op. 38, No. 5, Variant of AU5

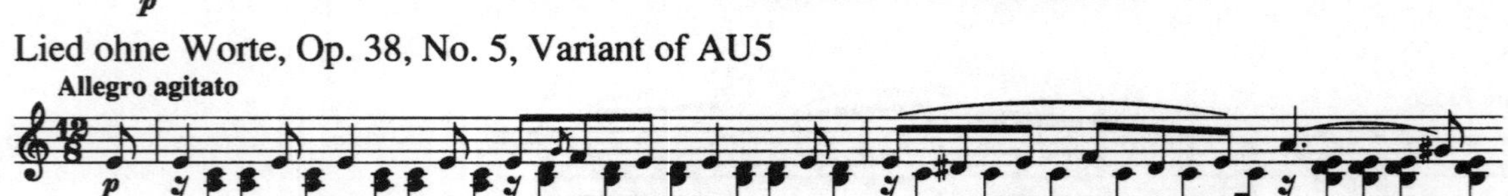

86

II

6 Lieder ohne Worte, Op. 53

1. 

10

2. 

14

3. 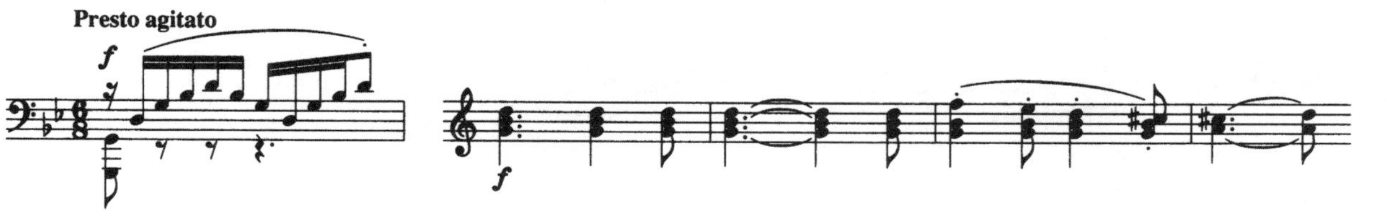

18

4. 

24

Volkslied

5. 

26

6. 

30

Appendix 1

Abendlied, Op. 53, No. 4, Version of AU4/II

36

6 Lieder ohne Worte, Op. 62

1. 

39

2. 

42

3. 

46

4. 

48

Venetianisches Gondellied

5. 

50

Frühlingslied

6. 

53

Appendix 2

Lied ohne Worte, Op. 62, No. 1, Version of AU1/I

57

Lied ohne Worte, Op. 62, No. 2, Version of AU2/I

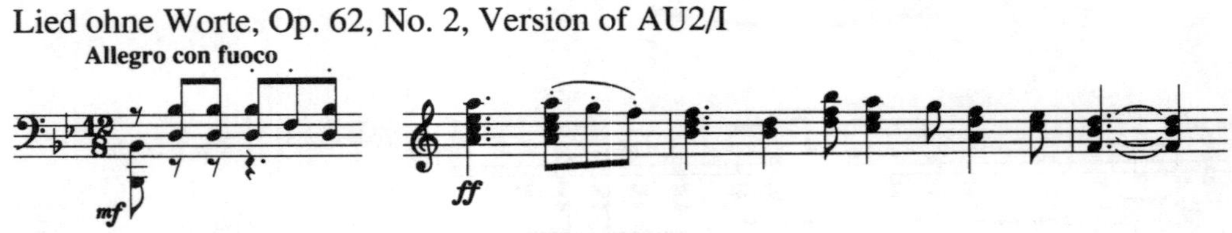

60

Lied ohne Worte, Op. 62, No. 2, Version of AU2/II

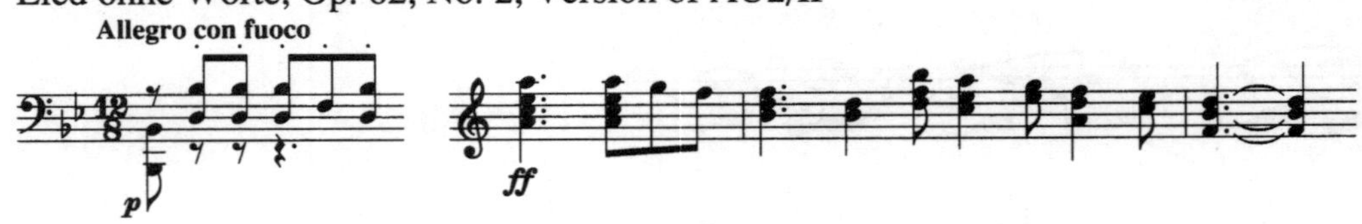

64

Lied ohne Worte, Op. 62, No. 3, Version of AU3/I

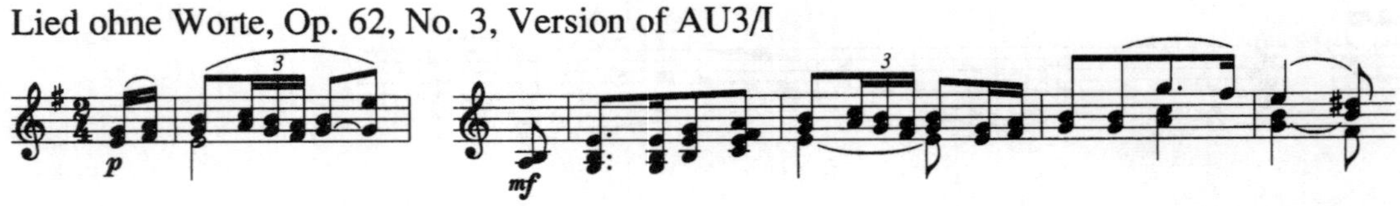
68

Lied ohne Worte, Op. 62, No. 3, Version of AU3/III

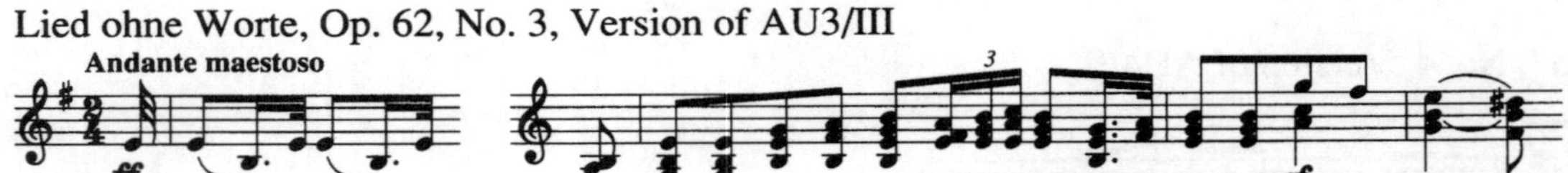

70

Gondellied, Op. 62, No. 5, Version of AU5/I

72

6 Lieder ohne Worte, Op. 67

1. 

74

2. 

78

3. 

82

4. 

84

5. 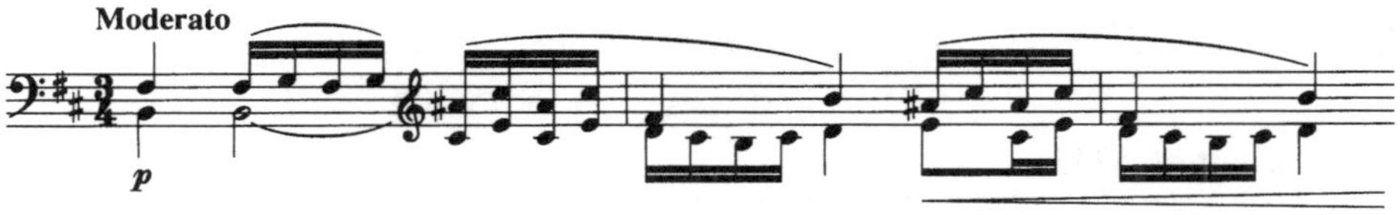

90

6. 

92

Appendix 3

Lied ohne Worte, Op. 67, No. 1, Version of AU1/I

96

Lied ohne Worte, Op. 67, No. 2, Frühfassung

100

III

6 Lieder ohne Worte, Op. post. 85

1. 

9

2. 

12

3. 

14

4. 

18

5. 

22

6. 

24

Appendix 1

Lied ohne Worte, Op. 85, No. 1, Variant of C4 & C5

Andante

 27

Lied ohne Worte, Op. 85, No. 2, Variant of AU2

Allegro di molto

 30

Lied ohne Worte, Op. 85, No. 2, Variant of C4 & C5

Allegro agitato

 32

Lied ohne Worte, Op. 85, No. 3, Variant of AU3/II

Molto allegro

 34

Lied ohne Worte, Op. 85, No. 4, Variant of AU4/I

Andante

 38

Lied ohne Worte, Op. 85, No. 6, Variant of AU6/I

Andante quasi Allegretto

assai leggiero

 41

6 Lieder ohne Worte, Op. post. 102

Andante, un poco agitato

1.  46

Andante

2.  50

Kinderstück

Presto

3.  52

Andante un poco agitato

4.  55

Kinderstück

Allegro vivace

5.  58

Andante

6.  62

Appendix 2

Lied ohne Worte, Op. 102, No. 2, Version of AU2/I

64

11 Lieder ohne Worte

Lied ohne Worte in Es, LoO 1

1. 

66

[Lied ohne Worte] in A, LoO 2

2. 

68

[Lied ohne Worte] in A, LoO 3

3. 

70

Lied ohne Worte in fis, LoO 4

4. 

71

[Lied ohne Worte] Album Blatt in e, LoO 5

5. 

76

[Lied ohne Worte] in A, LoO 6

6. 

84

Gondellied in A, LoO 7

7. 

88

Ein Lied ohne Worte in F, LoO 8

8. 

90

[Lied ohne Worte] in a, LoO 9

9. 

92

Reiter – Lied in d, LoO 10

10. 

95

[Lied ohne Worte] in A, LoO 11
„Auf fröhliches Wiedersehen"

11. 

98

Sophie Horsley zugeeignet

6 Lieder ohne Worte

Heft IV, Op. 53

First publication: Bonn, 1841

Op. 53, No. 1

Andante con moto

cresc.
cresc.
tranquillo
dim.
Ped.
cresc.
dim.
cresc.
dim.
Ped.
più cre - scen - do

34
- - al - - f
sf
f
37
sf
p
cresc.
40
cresc.
f
sf
f
dim. - -
43
- - al - - p tranquillo
sf
cresc.
46
f
dim.

49
pp
cresc.
mf
Ped.
52
cresc.
sf
pp
55
mf
cresc.
sempre cresc.
58
f
dim.
61
p
dim.
ritard.

Allegro non troppo Op. 53, No. 2

cresc.
sf
f
dim.
marcato
sf
p

38
sf
f
42
sf
sf
46
più f
sf
dolce
Ped.
50
Ped.
sf
Ped.
p
54
f

58
p
62
66
sf
70
dim.
73
p
sf
Ped.

Op. 53, No. 3

Presto agitato

crescendo
Ped.
sempre crescendo
ff
dim.
p
simili
cresc.

44
ritard.
48
a tempo
52
crescendo
56
sempre crescendo
60

64
cresc.
68
Ped.
simili
72
76
cre - scen - do - - al - -
80
più f

84
ff
sf
Ped.
88
p
espress.
92
96
cre
scen
do
simili
100
dim.
p

104
cre - - - - - - scen - - - - -
108
do
dim.
p
Ped.
112
dim.
Ped.
116
dim.
Ped.
leggiero
sempre Pedale
120
8
sempre Pedale

Op. 53, No. 4

4.
Adagio
cantabile
p
mf
cresc.
sf
dim.
p
pp
Ped.
f
con forza
sf
dim.
ff
dim.
sf
dim.
sf

16
p
cresc.
f
19
sf
p
22
cresc.
dim.
sf
p
dim.
Ped.
25
cresc.
pp
sf
f con forza
dimi -
Ped.
28
tranquillo
nuendo
pp

Volkslied

Op. 53, No. 5

sempre con forza

44
cre - - scen - - do
f
47
sf più forte poco a poco
52
sempre più f - - - sf - - - - - -
Ped.
57
sf - - - - sino - al ff sf
Ped.
61
sf sf sf

65
mf
poco a poco cresc.
69
ritenuto
f
cresc.
ff
73
a tempo
sf
diminuendo
77
dim.
80
diminuendo
ritard.
p
Ped.

Op. 53, No. 6

Molto allegro vivace

6.

cre -
- - scen -
- - do

cre - - scen -

do
sempre
tranquillo

83
cre - - scen -
87
- do
sf f
p
p
91
poco - - a - poco - - cre - - scen
94
- - - do
sf f
98
sempre più f
sf
sf
più f - - - - -
sf
101
- - - al - -
ff
ff
sf

104
ff
dimin. - - poco - a - poco -
108
al
111
p
114
sempre dim.
pp leggiero
118
dim.
tr
crescendo
122
poco ri- - tar- - dan- - do
f
di- mi- nu- en- do
Ped.

Appendix 1

Abendlied

Op. 53, No. 4
Version of AU4/II
1. May 1841

16
dim.
crescendo
19
22
cresc.
dim.
dim.
25
cresc.
28
dim.
p tranquillo

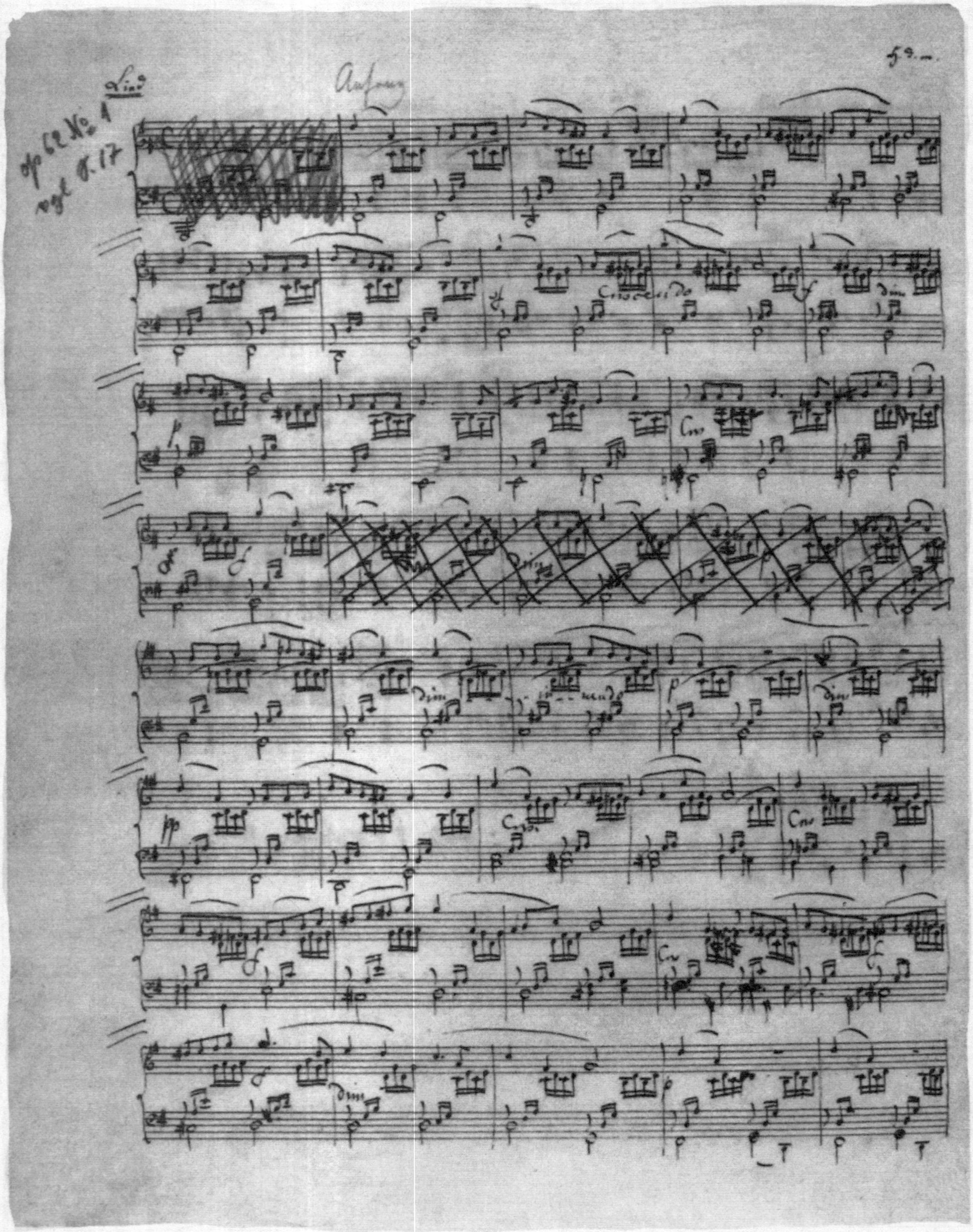

Lied ohne Worte, Op. 62, No. 1. Version of AU1/I.
KBJ, Mendelssohn Aut. 39, item 3/2a, p. 14.

Dr. Clara Schumann geb. Wieck zugeeignet

6 Lieder ohne Worte

Heft V, Op. 62

First publication: Bonn, 1844

Andante espressivo Op. 62, No. 1

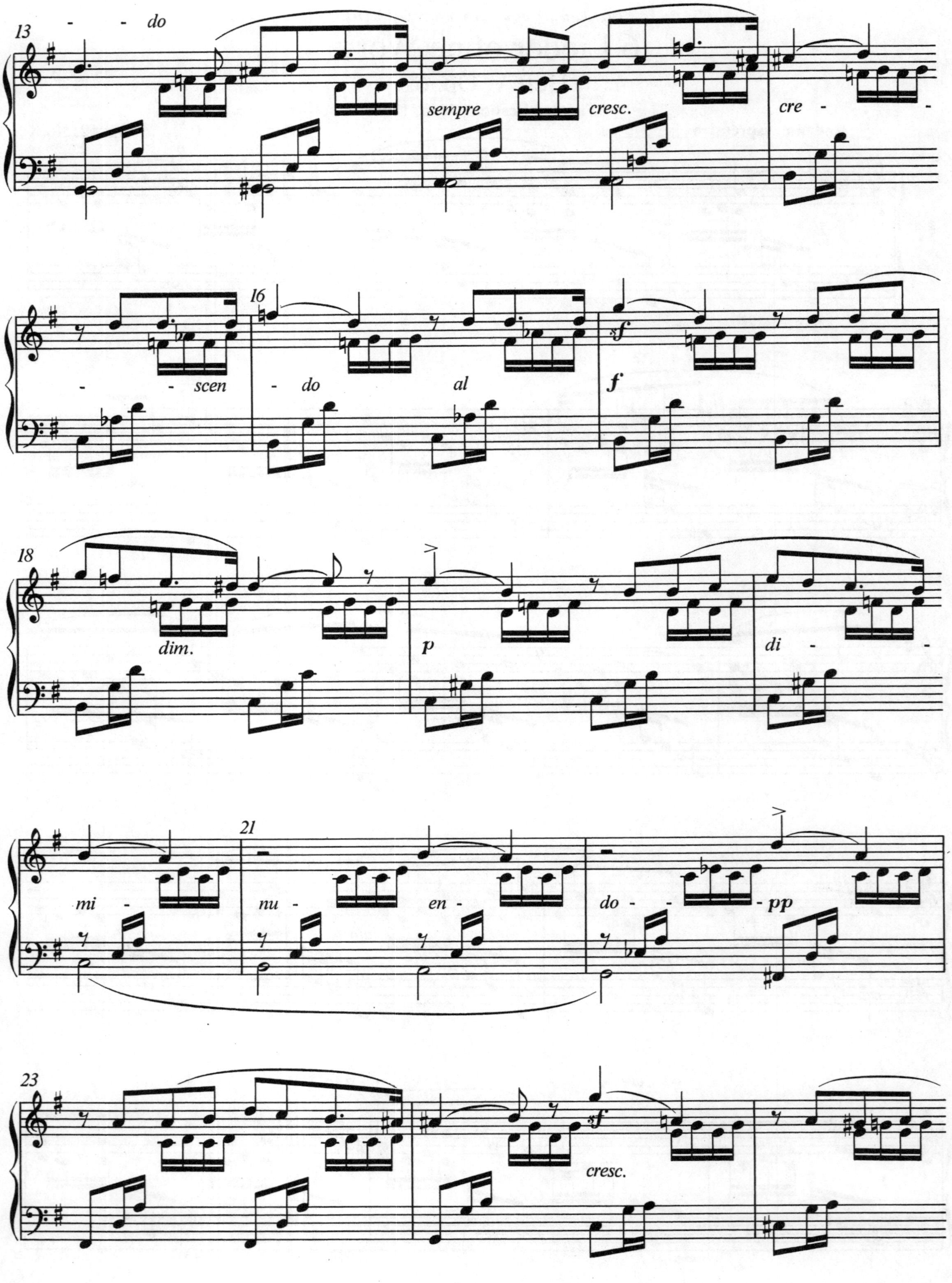
13
do
sempre
cresc.
cre
scen
do
al
16
f
sf
18
dim.
p
di
mi
nu
21
en
do
pp
23
sf
cresc.

26
cre - - - scen - - - do
28
f
sf
p
cre - - - scen - - - do
31
f
33
sf
dim.
p
36
cresc.
dim.
dim.
p
39
Ped.

Allegro con fuoco Op. 62, No. 2

15
p
cresc.
18
sf
f
sf
21
sf
sempre f
sf
f
24
pp
poco a poco
27
cre - scen - do
sf
sempre
sf
al
ff
sf
sf

30
p
33
cre - scen - do
f
35
più f
sf
ff
38
con fuoco
tr
p cre -
40
scen - do

43
tr
p con fuoco
cre - sf - scen - - do al - -
46
ff
p
cresc.
f
sf
49
cresc.
p
f
51
cresc.
sf
sf
Ped.
54
sf
ff
8
sf

Op. 62, No. 3

3.

Andante maestoso
f
sf
ff
mf
tranquillo e legato
sf
p
dim.
mf
f
sf
p
dim.
mf
cre - - scen - do
cre - scen - do al -

con forza
sempre
di- mi- nu- en- do
dim.
dim.
Pedale
dim.
sempre Ped.

Op. 62, No. 4

Allegro con anima
4.
mf
cresc.
f
p
Mit vieler Innigkeit vorzutragen
5
mf
p
8
cresc.
sf
f
12
p
cresc.
dim.
16
p
cresc.

19
f
dim.
mf
cresc.
sf
23
p
27
p
cresc.
sf
f
31
espressivo
dim.
p
mf
35
cresc.
Ped.

Venetianisches Gondellied

Venetian Barcarole

Op. 62, No. 5

21
p
25
cre - - scen - - do al - -
29
ff
ff
Ped.
pp
Ped.
33
pp
37
cre - -

scen - - do - - al - - - ff
41
sf
ff
45
p
dim.
49
pp tranquillo
sempre con Ped.
53
p
dim.
pp
Ped. sempre
56
sempre pp
f
dim.
p
sempre Ped.

Frühlingslied

Op. 62, No. 6

21
cresc.
p
26
cresc.
f
sf
dim.
30
f
sf
34
dim.
p
cre - scen - do
38
dolce
p
cre - - scen - - do
42
- al -
f
sf
f
di - - mi - - nu-

46
en
do
p
dim.
grazioso
50
pp
Ped.
54
sempre simile
58
cre
scen
62
do
al
f
sf
66
dim.
f
dim.

70
p
cresc.
dolce
74
p
cresc.
grazioso
78
p
dolce
dim.
82
pp
86
leggiero
Ped.

Appendix 2

Lied ohne Worte

Op. 62, No. 1
Version of AU1/I
06.Jan.1844, Frühfassung

13
cresc.
f
16
di -
18
- mi - - nu - - en - do
p
dim.
21
pp
23
cresc.
cresc.

26
f
28
cresc.
31
f
f
dim.
33
p
36
pp

Lied ohne Worte

Op. 62, No. 2
Version of AU2/I
29.Jul.1843, Frühfassung

Allegro con fuoco

15
18
20
dimi - nuen - do
23
25
cre - scen - do
sempre cresc.

sf
ff
28
p
30
cresc.
f
33
sf
mf
35
cresc.
f
sf
sf
38
sf
sf
sf
sf
p

40
cresc.
43
45
dim.
48
sempre Pedale
50
sempre Ped.

An Mme Clara Schumann

Lied ohne Worte

Op. 62, No. 2
Version of AU2/II
13.Sept.1843

15
p
cresc.
18
sf
20
sf
dim.
23
pp
cre - - - - - - - - - - - - - - -
25
- scen - - - - - - - -
do
sempre - - - -
- al - - - -
sf
sf

28
ff
p
30
cresc.
f
33
più f
35
f
sf
sf
sf
sf
sf
p
tr
38
f

40
tr
p
43 sf
p
45
dim.
cresc.
48
sf
sf
50
f
ff
8
sf
Ped.

Lied ohne Worte

Op. 62, No. 3
Version of AU3/I
Leipzig, 19.Jan.1843, Frühfassung

20
cresc.
pp
cresc.
25
cresc.
p
30
cresc.
p
3
cresc.
35
sf
p
dim.
pp
41
3
Ped.

An Mme Clara Schumann

Lied ohne Worte

Op. 62, No. 3
Version of AU3/III
13.Sept.1843

25
ff
ff
ff
Ped.
30
sf
sf
sf
f
34
sf
p
39
dim.
dim.
44
pp
p
dim.
Ped.

An Mary Campbell

Gondellied

Op. 62, No. 5
Version of AU5/I
24.Jan.1841, Frühfassung

Lied ohne Worte, Op. 67, No. 1. Version of AU1/IV.
OBL, MS. M. Deneke Mendelssohn b 5.

Sophie Rosen zugeeignet

6 Lieder ohne Worte

Heft VI, Op. 67

First publication: Bonn, 1845

Op. 67, No. 1

9
di - - mi - nu - en - do p
Ped.
11
cre - - scen - do sf
Ped.
13
cre - - scen - do
p
sf
Ped.
15
f
più f
Ped.

17
espress.
dim.
p
19
p
cre - - - - -
scen - - - - - -
sf - do - - - -
21
al - - - - -
ff
sf
23
p
25
cresc.
sf
più cresc.

27
dim.
f
sf
Ped.
29
pp
sempre pp
31
33
35
dim.
pp
sempre Ped.

Op. 67, No. 2

2. Allegro leggiero

15
cresc.
f
p
cresc.
18
f
20
sf
p
cresc.
f
23
sf
più f
25
sf
f
sf
sf
dim.
Ped.

28
a2
espress.
p
31
cresc.
33
sempre a2
f
p
36
cresc.
f
dim.
p
cresc.
39
f
dim.

p
cresc.
f
sf
più f
al
ff
Ped.
sf
con forza
p leggiero
dim.
dim.
Ped.

Andante tranquillo

Op. 67, No. 3

25
pp
tranquillo
sempre pp
30
cre - scen - do
sf
f
p
cre -
Ped.
35
- scendo
sf
cresc.
f
dim.
Ped.
40
ritardando
Tempo
p
cresc.
dim.
p
Ped.
45
sf
p
p ritard.
Ped.

Op. 67, No. 4

16
p
19
cre - - - - - scen - - do
f
p
22
sf
p
25
f
pp
28

31
cresc.
34
cresc.
sf
cresc.
37
sf
f cresc.
ff
40
p
sf
43
p
sf
p

46
sf
cresc.
p
49
cresc.
f
52
p
sf
p
55
f
58
pp
f

61
p
dim.
64
p
66
69
cresc.
sf
cresc.
72
sf
f
cresc.
ff
75
p
f
cresc.

78
ff
p
81
cresc.
84
f
p
cresc.
87
f
90
p
dim.
93
8
sf
p

Op. 67, No. 5

5.

ritard.
a tempo
mf
-nu - -
endo
pp
cresc.
sf
cresc.
f
ritard.
a tempo
dim.
p
dim.

Op. 67, No. 6

Allegretto non troppo
6.
leggiero
Ped.
sempre simili col Ped.
cresc.
f
dim.
p

30
cresc.
cresc.
36
f
dim.
42
cresc.
sf
f
sf
48
f sf
p
f sf
p
f sf
54
sf
più f
p
dim.

60
pp
66
cresc.
cre - scen - - -
72
- - do - - - -
f
dim.
cre -
78
- - - scen - - - do
f
cresc.
84
sf
sf
più f
dimi - nuen -

90
- do
p
96
p
Ped.
102
Ped.
107
Ped.
p

Appendix 3

Lied ohne Worte

Op. 67, No. 1
Version of AU1/I
29.Jul.1843, Frühfassung

10
dim.
p
cresc.
12
cre - - - - -
- - scen - - - - - - do
14
f
16
p
cre -
18
- scen - - - - - - -
- do

20
ff
sf
sf
22
dim.
sf
dim.
dolce
24
al
pp
26
cresc.
28
al
f

dim.
dim.

Lied ohne Worte

Op. 67, No. 2
Version of AU2/I
05.Apr.1839, Frühfassung

25
30
35
40
45

50
cresc.
sf
55
60
65
70
sf

75
cresc.
f
80
85
89
93

The Critical Notes which belong to this Urtext edition are available at www.koenemann.com

H-1093 Budapest, Vámház krt. 5.
Responsible co-editor: Tamás Zászkaliczky
Engraved by Kottamester Bt., Budapest

K 176

Distributed worldwide by Tandem Verlag GmbH
Im Mühlenbruch 1, D-53639 Königswinter

Printed in EU

ISBN 3-8331-1341-3